Weltanstaunung

Michael Richter

Weltanstaunung

Aphorismen

© 2021 Michael Richter

Herstellung und Verlag:
BoD – Books on Demandt, Norderstedt

ISBN: 9783753454757

Wieder sind einige Gedanken spruchreif geworden.

***

Aphorismen sind weder wahr noch real;
sie sind subversive Aspekte des Möglichen.

***

Lohnt es sich, die Sprache nochmal anzufachen,
trockene Worte nachzulegen?

***

Wenn du dich immer anstrengst,
gehen alle deine Probleme in Erfüllung.

***

Realisten sind die, die sich über alles wundern.

***

Wir kommen nicht auf die Welt, sondern auf die
Erde;
auf der Welt war noch niemand von uns.

Unsagbares lässt sich nicht verschweigen.

***

Ich liebe die heißen Sommer, wenn ich mich
in deinem warmen Schatten abkühlen kann.

***

Freude hat immer etwas mit Traurigkeit zu tun.

***

Kluge Menschen fühlen, ob ihre Gedanken stimmen.

***

Was wäre, wenn wir abends wüssten,
welchen Träumen wir uns ausliefern?

***

Wer alle Aspekte berücksichtigen will,
schafft es nie bis zur eigenen Meinung.

***

Sterne, die vom Himmel fallen,
waren zu nah an der Kante.

***

Kindlich kann man
nur mit Gottes Zustimmung bleiben.

***

Schwerer als die Zukunft lässt sich die künftige
Vergangenheit voraussagen.

***

Angeber können es sich nicht leisten,
sich etwas nicht leisten zu können.

***

Immigranten kommen,
um bei uns arm sein zu dürfen.

***

Was einmal totgeschwiegen wurde,
wird so schnell nicht wieder lebendig.

Ernsthafte Dinge mache ich nur noch aus Spaß.

***

In welcher Realität wir leben,
hängt von unseren Wahrheiten ab.

***

Verschwiegenes ist meist nur Gerede.

***

Verstehen ist eine Einbahnstraße;
der einzige Rückweg ist das Vergessen.

***

Wenn du glücklich sein willst,
konzentriere dich auf das,
was wirklich unwichtig ist.

***

Dumm kann man in mehreren Wissensbereichen
gleichzeitig sein, klug nicht.

In schönen Momenten
wird unser Unglück unerträglich.

***

Meine Ernsthaftigkeit ist ohne Spaß nicht zu haben.

***

Die Sehnsucht ist oft schöner als
das Objekt der Begierde.

***

Zwischen Zeugung und Geburt
sollte man nicht zu weit vorausplanen.

***

Wunder sind in der Wissenschat ein wunder Punkt.

***

Ich habe mein Ziel als erster erreicht!

***

Kultur ist die Fortsetzung der Evolution
mit anderen Mitteln.

***

Zur Hälfte schaffe ich es, zur Hälfte schafft es mich.

***

Die wichtigsten Bestandteile unseres Charakters
sind Neurosen und das Alter.

***

Mit uns Menschen
verrät uns die Natur ihr tiefstes Geheimnis.

***

Je umfassender das Wissen,
desto weniger Platz bleibt für die eigene Meinung.

***

Ich erwarte vom Leben eigentlich nur noch Werbung.

***

Solange unser Denken endemisch bleibt,
werden wir die Welt nie verstehen.

***

Wer etwas zur Sprache bringt, bleibt meist länger.

***

Nichts von dem, was wir tun, ist umsonst;
irgendwann wird jedem die Rechnung präsentiert.

***

Nichts über das Nichts zu wissen, ist angemessen.

***

Unser Körper hat seinen eigenen Kopf.

***

Stolz wird nur dann unangenehm,
wenn er mit Ignoranz verbunden ist.

***

Neuer Trend: Anschleichwerbung.

***

Gleich alles richtig machen zu wollen, ist falsch.

***

Warum in der Nähe bleiben,
sieh, die Ferne liegt so nah!

***

Teure Meinungen werden
oft widerrechtlich kopiert.

***

Mittelfristig ist es wichtiger,
ob unser Skelett gut aussieht.

***

Frei ist nur, wer es freiwillig ist.

***

Einsam sind wir am liebsten gemeinsam.

***

Die Klügsten sammeln sich in der Mitte,
die Besten an der Spitze, Weise gar nicht.

***

Würde erkennt man nur von oben.

***

Haltet durch! Der Anfang ist bald erreicht.

***

Unser Leben teilt die Ewigkeit
in zwei gleichgroße Hälften.

***

Meine Einstellung nehme ich selber vor!

***

Einsam sind nicht die, die niemand liebt,
sondern jene, die niemanden lieben.

***

Wer das Unbedeutende schätzt,
hat das Bedeutsame verstanden.

***

Alle, die ich war, bin ich jetzt, bleibe ich,
und werde sie wohl immer gewesen sein.

***

Manches verschwindet durch bloße Erwähnung.

***

Wenn die Realität von der Wahrheit abweicht,
läuft sie Gefahr, untersagt zu werden.

***

Wenn es um alles geht, ist der Weg länger.

***

Selbstgespräche führt man selten auf Augenhöhe.

***

Aus dem eigenen Sterben kann man
viel für das nächste Leben lernen.

***

Der Satz „Das verbiete ich mir!"
eignet sich gut als Motto für eine Diät.

***

Wer nichts vom Leben erwartet,
sollte seine Erwartungen reduzieren.

***

Leichtes Klimpern mit Worten,
keine schweren Sinfonien.

***

Alltägliche Routine übertrifft ständige Abwechslung.

***

Tote haben ein völlig anderes Zeitempfinden.

***

Wenn man schnell lebt,
kommt die Vergangenheit nicht nach.

***

Ich habe meine Meinung vergessen,
Die einzige Erinnerung sind ein paar
Gegenargumente.

***

Englisch beherrschen wir nicht, es beherrscht uns.

***

Auf dem Gipfel der Erkenntnis
ist kein Platz zum Übernachten.

***

Nie werden alle Lieder gesungen sein.

***

Es gibt kein Geheimnis,
von dem niemand etwas weiß.

***

Oft merkt man erst beim Sprechen,
dass man es nicht so gemeint hat.

***

Sobald Menschen zusammenkommen,
gehen ihre Meinungen auseinander.

***

Bei Vollmond bin ich dunkelwach.

***

Was sich gehört, geht uns nichts an.

***

Meine Bestimmung ist verstimmt.

***

In Kindern sind alte Seelen am besten erkennbar.

***

Angst ist ein Schatten, den der Mut wirft.

***

Wirklich gut ist man immer nur
für einen Augenblick.

***

Kinder stellen viel an,
Erwachsene machen es wieder aus.

***

Es gibt nichts schöneres
als nicht ganz so schöne Frauen.

***

Alles ist möglich, bis auf die Wahrheit.

***

Aphorismen sind die schnellste Art
der Wortbewegung.

***

Im Schweigen findet das Denken seine Mitte;
beim Schreien gerät es außer sich.

***

Wir leben in einer Wortwerfgesellschaft.

***

Bevor sie als Ideologien anerkannt werden,
müssen Lügen sich bewahrheiten.

***

Wenn es mir zu heiß wird,
ruhe ich mich in deinen Lidschatten aus.

***

Mein Denken wird immer flacher,
ich nähere mich wohl der Küste.

***

Es führen ältere Spuren zu uns
als nur die unserer Eltern.

***

Wer zu Gott finden will,
muss alle Wege auf einmal gehen.

***

Viele Meinungen werden gewaltsam geteilt.

***

Wenn Zyniker moralisch werden,
entsteht unbarmherzige Güte.

***

Regeln sind ohne Ausnahmen nicht verständlich.

***

Durch das Leben gewinnt man kurzfristig
etwas Abstand zum Nichts.

***

Die Behauptung von Realität
ist die genialste aller Wahrheiten.

***

Ich übe mit Worten die Kunst der Fuge.

***

Heimat ist, woran ich mich gewöhnen könnte.

***

Jede Ursache hat als Folge begonnen.

***

Der Hofnung wurde wegen Mittelmäßigkeıt
ein f aberkannt.

***

Was wir wirklich brauchen,
ist jemand, der uns braucht.

***

Mein Gesicht verrät Dinge,
die niemanden etwas angehen.

***

Verdummung ist meist nicht nötig.

***

Das Aussehen vieler Frauen zeigt,
wie sie gern wären.

***

Wir essen nur noch auf Rezept.

***

Alles ist auf meiner Seite.

***

Jugend ist leicht verderblich.

***

Du kriegst, was du wert bist;
es sei denn, du nimmst dir, was du willst.

***

Meine Ruhe schweigt anders als deine.

***

Die Bedeutung des Menschen
liegt in seiner vielfältigen Einmaligkeit.

***

Dummheit verbreitet sich
durch den Versuch ihrer Bekämpfung.

***

Wahr ist, dass niemand weiß,
ob diese Aussage wahr ist.

***

Männer sind wir nur wegen der Frauen.

***

Unsere Sicht der Dinge ist getrübt
durch Aussichten und Absichten.

***

Ich tue die Dinge nur wegen
ihrer unbeabsichtigten Nebenwirkungen.

***

Ehrgeizig bin ich nicht, eher glückgeizig.

***

Beten bedeutet, Gott über den Stand
seiner Schöpfung in Kenntnis setzen zu wollen.

***

Wenn Soldaten fallen,
entfallen ihre ungezeugten Kinder.

***

Eine Beziehung ist am Ende,
wenn es im Streit um nichts mehr geht.

Man sollte genau wissen, was man glaubt.

***

Nicht alle Wahrheiten sind absichtlich Lügen.

***

Würden wir ewig leben, wäre es wichtig,
zu wissen, wann wir in Rente gehen.

***

Die Einzelne zählt nur,
wenn die Mehrheit zahlt.

***

Messer schneiden auch gut,
wenn sie Böses tun.

***

Dank moderner Technologie kann man Gott
heute von überall aus anbeten.

***

Unsere Hoffnung auf Überleben
liegt darin begründet, dass wir möglich waren.

***

Wir können nicht mehr werden,
wer wir gewesen sein wollten.

***

Wäre ich wer anders,
würde ich gern wer anders sein.

***

Ich bin lieber im Wald als im Recht.

***

Ohne ihre Beobachtung gäbe es keine Realität.

***

Von der Zukunft kann man sich
keinen Vorrat anlegen.

***

Gleich geht es los, ungleich geht es zu Ende.

***

Ich muss mich mit diesem Leben beeilen,
sonst schaffe ich die anderen nicht.

***

Wer kann heute schon
von nur einem Leben leben?

***

Die jeweils Übriggebliebenen treffen sich
noch eine kurze Zeit an immer neuen Gräbern.

***

Historiker retten kein Leben,
aber sie können Tote verschweigen.

***

Die Zerstörung der Natur durch uns
ist ein natürlicher Vorgang.

Hühner mit Auslauf sind Auslaufmodelle.

***

Irgendwann verliert Erkenntnis
das Bedürfnis, sich mitzuteilen.

***

Ich bin weder links noch rechts,
eher hinten oben.

***

Manche Leben reichen
bis weit in den Tod hinein.

***

Eine Wahrheit muss nicht stimmen,
eine gute Lüge schon.

***

Das Leben ist nur die Vorderseite.

***

Nur für Lohn zu arbeiten, lohnt sich nicht.

***

Zu mir gelange ich nur noch auf Schleichwegen.

***

Wenn du dich neu erfindest,
lass dich am besten gleich patentieren.

***

Wir leben gegenwärtig
in unvollendeter Vergangenheit.

***

Immer mehr Firmen gehen
von der Kundenjagd zur Herdenhaltung über.

***

Leben ist ein Kampf ohne Sieger.

***

Nicht was du redest, sondern was du tust,
wird einmal egal sein.

***

Mich überzeugt nur,
wovon mich auch das Gegenteil überzeugen könnte.

***

Die meisten Versuchungen sind den Versuch nicht
wert.

***

Die nichts wissen, wissen auch nicht,
dass sie nichts wissen. Das ist das Problem.

***

Ich schreibe Bücher,
um mehr über meine Meinung zu erfahren.

***

Wenn Täter sterben, endet die Arbeit der Juristen,
und die der Historiker fängt an.

Ist es auch Massenmord,
wenn Tausende einen Menschen umbringen?

***

Hätte Gott keinen Handlungsspielraum,
wären Gebete unnütz.

***

Gebete gehen davon aus,
dass Gott nicht weiß, wo uns der Schuh drückt.

***

Wer immer lügt, muss die Wahrheit gut kennen.

***

Ein großer Teil der Zukunft unserer Vergangenheit
liegt schon Jahre zurück.

***

Erkenntnisse lassen sich nicht
durch Entscheidungen ersetzen.

Wenn nicht mal ich allein es nicht schaffe,
wie solltest du mir dann nicht helfen können?

***

Mich erschreckt, was wir sein könnten.

***

Das Leben hat noch keiner überlebt.

***

Ich gehöre zu denen, die zu niemandem gehören.

***

Mein Ich zieht sich immer mehr in sich zurück.

***

Beim Geld verdienen hört die Feindschaft auf.

***

Wer die Orientierung verliert,
ist auf dem richtigen Weg.

***

Lebe, als ginge es um Leben und Tod!

***

Ich habe mir eine harte Schale zugelegt,
um die anderen vor mir zu schützen.

***

Du bist nur so wie du bist du.

***

Es sagt einiges über uns aus,
dass wir Talente mehr bewundern
als antrainierte Leistungen.

***

In der Realität bist du angekommen,
wenn du nicht mehr weißt, wo oben und unten ist.

Der Ursprung springt von Welt zu Welt.

***

Die Religionen beten um die Wette.

***

Viele hatten ein erfülltes Leben - angsterfüllt.

***

Mein Körper lockt mich
mit abweichender Logik.

***

Mit jedem Sterben gewöhnt man sich
etwas mehr an das Nichtsein.

***

Die Nachrichten melden Veränderungen,
aber nie, was bleibt.

***

Feierabend? Nein danke, ich muss mich ausruhen.

***

Viele Kämpfe dauern länger als ein Leben.

***

Gott hat die Welt absichtlich nicht zu Ende gedacht.

***

Der Tod bringt Abwechslung ins Leben.

***

Einige schlagen hart auf, ich verglühe.

***

Mehrheiten sind in der Minderheit.

***

Meist ist der Grund ein Zweck.

Alle reden von den Quellen des Reichtums,
niemand von den Abflüssen.

***

Nicht immer ist die Ursache eine Sache.

***

Ältere Ehepartner wissen irgendwann nicht mehr,
ob sie sich gerade streiten.

***

Besser man überlegt sich spontane Reaktionen im
Voraus.

***

Niemand redet gern darüber,
wie die letzten Momente seines Lebens waren.

***

Eine gute Mutter liebt jedes ihrer Kinder
mehr als alle anderen.

Überzeugungen kann man nicht kaufen,
nur gewinnen.

***

Seit meine Meinung festgestellt wurde,
verzichte ich darauf.

***

Es erleichtert uns,
wenn wir uns beschweren.

***

In Freiheit erkennt man Dummköpfe besser.

***

Wahrheiten: ein Pluraletantum.

***

Erster und Zweiter Weltkrieg;
das hört sich an, als ginge es so weiter.

***

Die Zukunft kann nur bringen,
was sich die Vergangenheit nicht schon geholt hat.

***

Wie groß ist dein Jetzt und Hier?

***

Langsam zu leben braucht Zeit.

***

Es geht einem nicht besser,
nur weil man glücklich ist.

***

Heute ist ab morgen für immer gewesen.

***

Komisch, dass niemand
den Urknall gehört haben will!

***

Wir suchen nach Meinungen, die gut zu uns passen.

***

Ist die Liebe „Best bevor" oder „Haltbar bis"?

***

Entweder wir schaffen es oder es schafft uns.

***

Kurz nach dem Sterben
haben wir uns schon vergessen.

***

Liebe schrumpft irgendwann
auf ihre eigentliche Größe.

***

Nicht nur Vegetarier pflanzen sich fort.

***

Bis es uns gab, waren wir unmöglich.

***

Vor und nach dem Leben vergeht keine Zeit.

***

Für unwichtige Dinge habe ich immer
ein paar kleinere Meinungen dabei.

***

In einigen von uns hat die Zukunft schon begonnen.

***

Wir sind weit und breit nicht die Einzigen.

***

Wie sollen wir Männer die Welt verstehen,
wenn wir nicht mal die Frauen erklären können!

***

Die Hoffnung stirbt kurz vor dir.

***

Manche Zusammenhänge
bemerkt man nur durch Nichtverstehen.

***

Wer sich keine Zeit nimmt, stirbt eher.

***

Nach einem Gebet
sollten wir erstmal die Reaktion abwarten.

***

Glauben sollte man erst,
wenn das Verstehen ausgeschöpft ist.

***

Wer weiß schon,
wie viele Multiversen Gott am Laufen hat.

***

Mein Kompass zeigt immer auf dich.

***

Den Glauben hat Gott
sich von den Menschen ausdenken lassen.

***

Blöde Fragen sind Ausdruck freien Denkens,
blöde Antworten des von Ideologien.

***

Was wir für dumm halten,
folgt oft nur anderer Logik.

***

Ich nehme mir mich nicht länger übel.

***

Über unser Nichtwissen
wissen wir kaum etwas.

***

Aus Angst vor Enttäuschung bemühen wir uns,
nicht besonders glücklich zu sein.

***

Beim Gebet ist am wichtigsten,
was Gott uns mitzuteilen hat.

***

Ziele, die in der Vergangenheit liegen,
kann man vergessen.

***

Unsere Armut ist die oberste Grenze
des Reichtums anderer.

***

Wir verstehen nicht wirklich,
warum und wozu wir etwas verstehen.

***

In der Demokratie gewinnen nicht die Besten,
sondern die Meisten.

Hoffnung hilft auch, wenn sie sich nicht erfüllt.

***

Wenn wir seltene Worte nicht mehr benutzen,
schrumpft unsere Sprache.

***

„Für immer und ewig" dauert etwa achtzig Jahre.

***

Am Ende verläuft man sich
sogar auf den eigenen Wegen.

***

Bei vielen Gebeten kommt Gott kaum zu Wort.

***

Erkenntnis heißt zu wissen,
was man warum niemals wissen wird.

***

Solange wir leben, liegt der letzte Teil
unserer Vergangenheit noch in der Zukunft.

***

Zum Ziel und zur Niederlage führen dieselben Wege.

***

Psychotherapeuten sind irgendwann völlig zugehört.

***

Das Besondere am Leben ist, dass es drei Hälften hat.

***

Wohl dem, der keine Macht zu haben braucht.

***

Wer hinterm Mond lebt, ist schon viel
rumgekommen.

***

Im Zufall entfaltet sich göttlicher Determinismus.

***

Vorurteile sind meist viel zu positiv.

***

Wer vorgibt, etwas abgeben zu wollen,
gibt meist nur an.

***

Jugendliche wollen alles verstehen,
die Alten nur noch erzählen.

***

Einige Dinge versteht man
erst durch längeres Schweigen.

***

Was man nicht sagt,
lässt sich gefühlvoller ausdrücken.

***

Schwerer als eine Sucht ist es,
sich eine Meinung abzugewöhnen.

***

Ich hatte schon ganz vergessen,
dass es mich wieder einmal geben wird.

***

Dummheit macht sich groß und schwer,
um zu gefallen.

***

Schweigen verbirgt in jeder Sprache etwas anders.

***

Viele wissen gar nicht,
dass sie anderer Meinung sind.

***

Mir reicht die Zeit nicht, dumm zu bleiben.

***

Gott ändert deine Situation nicht,
aber er hilft dir, sie durchzustehen.

***

Die Zeit bringt uns immer wieder
zurück in die Zukunft.

***

Bei Selbstgesprächen weiß man nie,
wie der Andere reagiert.

***

An Durchgängen sind Grenzen
am schwersten zu überwinden.

***

Vielleicht weiß Gott ja gar nicht,
dass es ihn nicht gibt!

***

Ohne alles sind wir nichts.

Innerlich bin ich schon weg,
ich will nur noch sehen, wie es weitergeht.

***

Man kann Meinungen nur dann etwas abgewinnen,
wenn sie mitspielen.

***

Es ist besser, auch noch zu glauben,
was man weiß.

***

Bis zur Zeugung waren mir
meine Eltern ziemlich fremd.

***

Meine Gedanken helfen mir beim Rückzug,
mit meinen Gefühlen weiß ich nicht wohin.

***

Die Welt ist auf jeden von uns zugeschnitten.

Der Sinn des Lebens
reicht über das Sterben hinaus.

***

Gott hilft dir, egal ob es ihn gibt oder nicht.

***

Ein Glück, dass wir nicht wissen,
was die Leute unter sich über uns sagen

***

Wir sind nur für das Hier und Jetzt geeignet.

***

In unserer Ehe ist sie die stärkere Frau.

***

Dem Berg ist es egal,
ob er als Insel aus dem Wasser ragt.

***

Wir sollten besser nicht so tun,
als sei Gott ein guter Bekannter!

***

Willensstärke nützt nichts,
wenn man nicht weiß, was man will?

***

Gott hat viel mit uns zu tun.

***

Mit jedem Sterben
kommt man dem Tod etwas näher.

***

In unseren Gedanken hat Fühlen kein Ende.

***

Wenn mir nichts mehr einfällt,
fällt alles über mir ein.

***

Es ist oft schwer auszustehen,
wofür man einstehen muss.

***

Durch die Brille der Ideologie
verkennen wir die Wirklichkeit viel genauer.

***

Ab einem bestimmten Alter
gibt es nur noch Gründe, keine Zwecke mehr.

***

Von innen wirken unsere Meinungen groß und bunt.

***

Widersprüche bringen die Wirklichkeit zum
Leuchten.

***

Am besten lassen sich Dinge nicht erklären,
von denen man keine Ahnung hat.

Am Ende siegen hin und wieder
verlorengeglaubte Gedanken.

***

Nach einer guten Rede
denken alle in verschiedenen Richtungen weiter.

***

Ich will hier schon weg sein, wenn ich noch lebe.

***

Menschen kann man nur einzeln mögen.

***

Sich selbst versteht man nur aus einiger Distanz.

***

Wenn sie dich loben,
achte darauf, wen sie sonst noch gut beurteilen.

***

Wir durchlaufen unser Leben
wie einen Raum aus Zeit.

***

Richter benötigen
ein gutes Verurteilungsvermögen.

***

Die Welt ist nicht nur außerhalb von uns unendlich.

***

Die Leute ahnen ja nicht,
was sie mit ihren Gebeten alles anrichten!

***

Sterben hat mit dem Tod wenig zu tun,
es ist Teil des Lebens.

***

Seit Gott zugegeben hat, dass es ihn nicht gibt,
reden wir wieder miteinander.

Nichts hat man erst,
wenn alle Schulden bezahlt sind.

***

Erst wenn ich es aufgeschrieben habe,
merke ich, ob es tatsächlich meine Meinung ist.

***

Das Wetter lässt sich nicht gern nachsagen,
es sei vorhersehbar.

***

Tot zu sein hat mich noch nie gestört,
nur jedes Mal dieses verdammte Sterben!

***

Die Realität geht ein paar Minuten nach.

***

Ist denn wirklich jeder Zufall notwendig?

***

Einer Frage nähert man sich
am besten von der richtigen Antwort her.

***

Manche brauchen für das Leben lange,
neunzig Jahre und mehr.

***

Bei Bewerbungen benötigt man Vorstellungskraft.

***

Nimm dich nicht so unwichtig!

***

Um die Welt nicht verstehen zu müssen,
brauchen wir einen klaren Standpunkt.

***

Die Frage „Lebst du noch?"
lässt eigentlich nur eine Antwort zu.

***

Uns verbinden gemeinsame Unterschiede.

***

Es ist schwierig,
etwas nicht richtig machen zu wollen.

***

Nicht alle Pflanzen sind Vegetarier.

***

Die Eindeutigkeit der mathematischen Formel wird
nur durch die Vieldeutigkeit der Metapher
übertroffen.

***

Bevor sie wissen, wer ich bin,
bin ich längst ein anderer.

***

Wer ein Wortlos gewinnt, darf schweigen.

***

Wie kann ich an etwas glauben,
von dem ich mir nicht sicher bin,
dass es dies auch tatsächlich nicht gibt?

***

Leben ist keine Tatsache, mehr so ein Gefühl.

***

Die sich richtig freuen können,
sind auch die Ersten, die weinen.

***

Ich weiß nicht mehr, wann wir uns
kennen verlernt haben.

***

Wenn es uns schon eher gegeben hätte,
wären wir heute nicht mehr da.

***

Misanthropie hilft dabei,
die Menschen nicht verstehen zu müssen.

Liebe ist, wenn zwei Augenblicke
zu einem Augenglück verschmelzen.

***

Zunächst war niemand da, der nicht wusste,
dass er eigentlich nicht da sein konnte.

***

Durch die vielen Gebete bekommt Gott
ein völlig einseitiges Bild von uns.

***

Ob ich mich wohl später an mich erinnern werde?

***

Sprache recyceln lohnt sich,
weil so viel Schrott geredet wird.

***

Erst vergessen wir, was passiert ist,
dann vergessen wir die Eselsbrücken
und schließlich vergessen wir uns selbst.

Freiheit heißt nicht, Dinge tun,
sondern lassen zu können.

***

Gott braucht unseren Glauben nicht,
ihm reicht unsere Ahnung seiner Präsenz.

***

Die Gegenmeinungen beginnen
mitten in unseren Überzeugungen.

***

Der Kurs zum Falschgeld ist zurzeit recht günstig.

***

Ich glaube nicht an Gott;
aber ich glaube noch weniger,
dass es ihn nicht gibt.

***

Die Möglichkeiten streiten sich darüber,
wie oft jede schon Wirklichkeit war.

Man sieht es unseren Eltern an,
dass wir von ihnen abstammen.

***

Ich will es nicht unbedingt richtig machen,
nur nicht falsch.

***

Wenn die Gebete verbraucht sind,
wird nachgeladen.

***

Die Erde sieht mindestens zehn Jahre jünger
aus als sie tatsächlich ist.

***

Die kürzeste Zeit deines Todes liegst du im Grab.

***

Was man weiß, muss man auch glauben,
um es verstehen zu können.

Von Gott weiß ich,
den Rest muss ich glauben.

***

Hätte es uns schon früher gegeben,
wären wir jetzt nicht mehr da.

***

Ungezeugte sind nur bis zur Zeugung unsterblich.

***

Ich bin nicht mehr fähig, Glück zu haben.

***

Für jeden Leser ist das Buch ein anderes.

***

Komplimente machen nur Spaß,
wenn alle wissen, dass sie nicht stimmen.

***

Bei den meisten Chaoten wartet man vergeblich
auf die Geburt eines tanzenden Sterns.

***

Mein Veranlasser ist kaputt.

***

Besser in Ruhe verlieren, als die Ruhe zu verlieren.

***

Priester pflanzen sich durch Arbeitsteilung fort.

***

Entscheidend ist nicht unser ständiges Geplapper,
sondern das permanente Hintergrunddenken.

***

Unsere Siege sind versiegt;
unser Geigen haben wir vergeigt.

***

Am besten lassen sich Dinge falsch erklären,
wenn man sie aus dem Zusammenhang reißt.

***

Soweit ich zurückdenken kann,
war ich immer am Leben.

***

Mein Alter stört mich weniger
als das meiner Frau.

***

Es gibt nicht nur Ziele,
manches muss man einfach nur zu Ende bringen.

***

Liberalität heißt nicht,
die Schwächen des Anderen zu akzeptieren,
sondern seine Stärken.

***

Vor dem Vergessen welken unsere Erinnerungen.

Wir sind das Beste, das uns je passiert ist.

***

Gott scheint eher ein Außenseiter zu sein.

***

Nur bei uns haben Photonen die Chance,
„Licht der Sonne" genannt zu werden.

***

Gib dem Rückzug den Vorzug!

***

Je älter man wird,
desto mehr Zeit zum Warten hat man.

***

Was, wenn sie dir deine Zukunft vorwerfen?

***

Wir spüren nicht nur, dass der Wind weht,
wir wissen es auch.

***

Meine frühere Zukunft
ist leider zum Glück nicht eingetreten.

***

Diebe zeigen ergriffen Reue.

***

Hohle Sätze habe eine gute Resonanz.

***

Auf zu neuen Stränden!

***

Wenn zwei sich lieben, werden sie ein Kind.

***

Glauben sie mir, sie werden es nicht glauben!

***

Die Allgemeinheit grassiert.

***

Unsresgleichen kennen wir kaum.

***

Es beleidigt das Sein,
mit dem Haben verglichen zu werden.

***

Ich merk mir nur Sachen,
die ich nicht verstanden habe.

***

Die Jugend ist lange nicht so schön,
wie es das Alter nicht ist.

***

Auch wenn wir Worte wechseln,
behält doch jeder seine.

***

In eine Wahrheit passen mehr Lügen,
als Wahrheiten in eine Lüge.

***

Manchmal braucht es Jahre,
ehe man etwas nicht mehr versteht.

***

Beim Selbstgespräch fühle ich mich unsicher,
weil ich weiß, was ich alles über mich weiß.

***

Am besten gefällt uns die Natur ohne uns.

***

Ohne dass wir es registrieren,
verschwinden unsere jeweils Ältesten irgendwo hin.

Mit zunehmender Vergangenheit
wiederholt sich alles.

***

Ich freu mich auf den Tod, weil ich dann
keine Zeit für alles Mögliche mehr brauche.

***

Es gibt unendlich viele Welten,
aber noch viel mehr von ihnen gibt es nicht.

***

Wer gezielt begreifen will, wird nie etwas verstehen.

***

Weltenmischung schafft Meinungsmembranen.

***

Es ist kein Wunder,
dass dir alles wie ein Wunder vorkommt!

***

Vieles ist zwecklos, hat aber gute Gründe.

***

Lügen sind nicht unwahrscheinlich.

***

Mit achtzig hört man gerne,
dass man nur noch zehn Jahre zu leben hat.

***

An das eigene Sterben
erinnert man sich ungern.

***

Wenn ich so wäre, wie du es dir wünschst,
wären wir nicht zusammen.

***

Ich mag Frauen mehr als Deutsche.

***

Alte Lügen sind klüger als neue Wahrheiten.

***

Was für ein Atheist man ist,
hängt von dem Gott ab, an den man nicht glaubt.

***

Das schlimmste Gefängnis ist eine Situation,
der man nicht entkommt.

***

Manchmal weiß ich nicht,
ob ich gerade guter oder schlechter Laune bin.

***

Die Sonnenstrahlen, die nicht auf die Erde treffen,
haben eine lange Reise vor sich.

***

Wenn die Zukunft Vergangenheit geworden ist,
wird sie sich hoffentlich besser erklären lassen.

Meine Meinung weiß sehr gut,
dass ich sie nur dulde!

***

Von Gott zu wissen, heißt an sich zu glauben.

***

Mir selbst begegne ich immer seltener.

***

Ehrlich gesagt lüge ich.

***

Ich habe ziemlich schlechte Erfahrungen
mit mir gemacht.

***

Nicht jeder Gedanke
lässt sich in Worten gefangen halten.

***

Über das, was man verschweigt,
sollte man sich zuvor gut informieren.

***

Das Interessanteste an der Vergangenheit
ist die damalige Zukunft.

***

Bei der Suche nach Glück
hilft ein Kompass ohne Zeiger.

***

Ich gehöre nicht zu meiner Zielgruppe.

***

Wir leben nicht ewig, aber wir sind es.

***

Sterben ist wie das Wasser am Ufer.

***

Vieles braucht man es erst, wenn man es hat.

***

Schon am Ende des Satzes
haben ihn einige Gedanke überholt.

***

Es fehlt uns Zeit
für die unwichtigen Dinge des Lebens.

***

Nur wer gelebt hat, darf sich tot nennen.

***

Die mich in den Schatten gestellt haben,
sind kurz danach an Hitzschlag gestorben.

***

Eine Gegenwart ohne Zukunft
ist schon Vergangenheit.

***

Tausend Gedanken - und keiner passt zum andern!

***

Gute Menschen haben ein Selbstlos gezogen.

***

Sei von Gott und du bist ewig.

***

Infrage kommt, wer Antworten weiß.

***

Ernsthaftigkeit ist unserer Lage
nicht angemessen.

***

Komplimente
werden meist als unzureichend befunden.

***

Bevor sie gelesen werden,
sind alle Bücher gleich gut.

***

Meine Meinung bildet sich erst,
wenn sie gefragt ist.

***

Unsere Zukunft ist schon jetzt
hoffnungslos veraltet.

***

Schon Kinder können vieles besser als Gott,
zum Beispiel hüpfen.

***

Lieber weniger Raum und mehr Zeit.

***

In kleinen Dingen verlieren zu können
ist wichtiger als große Siege.

Am Ende geht es allein darum,
wieviel Spaß du im Leben nicht hattest.

***

Leben lohnt sich nicht.

***

Der schönste Augenblick meines Lebens
ist noch nicht eingetreten.

***

Was sich leicht erklären lässt,
hat man meist nicht richtig verstanden.

***

Was für eine Erleichterung,
wenn man mal nicht Recht haben muss!

***

Mit dem Warten sollte man sich beeilen.

***

Vom Sterben erlebt man nur den Anfang.

***

Nicht alle Falschaussagen sind gelogen.

***

Das Leben macht den Tod unbegreiflich.

***

Allein habe ich keine Lust, einsam zu sein.

***

Eine wichtige Rolle spielen wir nur.

***

Geld reicht.

***

Bei der Abrechnung wird aufgerundet.

Manchmal finde ich Gottes Drang
zur Selbstverwirklichung schwer erträglich.

***

Manche sind länger krank als lebendig.

***

Ein gutes Gefühl: Alles gleichzeitig zu spüren,
ohne es verstehen zu müssen.

***

Beim Gebet sollte man keinesfalls
alle Probleme ansprechen.

***

Das eigene Leben wichtig zu finden,
sollte man niemandem überlassen.

***

Wahres Wollen übt Können.

***

Klar sind die Dinge nur,
solange sie unausgesprochen bleiben.

***

Manchmal schießen wir auf unseren eigenen
Horizont.

***

Aus Sicht der Toten waren alle Tage besser.

***

Jeder Horizont weist in eine andere Richtung.

***

Wissen ist eine einfache Vorform von Verstehen.

***

Glauben sollte man nur,
was man auch wissen könnte.

***

Wie lange wir uns schon nicht kennen!

***

Ständig will Gott mit mir rumbeten!

***

Furcht braucht ein Objekt, Angst ein Subjekt.

***

Man kann nur zweimal ein Auge auf etwas werfen.

***

Gewissheiten verhindern Erkenntnisse.

***

Wie es wohl zum Nichts kam,
aus dem die Welt entstand?

***

Die Zeit sperrt uns ein,
wenn der Raum sich öffnet.

***

Überlebenden geht es meist besser.

***

Wir sind dem Zufall geschuldet
und müssen alles zurückzahlen.

***

Lyriker verdichten Gedanken.

***

Globales Denken ist ziemlich provinziell.

***

Nicht die Angst verändert die Welt,
sondern die Wut.

***

Versprecher realisieren sich
eher als Versprechen.

***

Es ist reiner Zufall,
ob etwas zufällig passiert oder nicht.

***

Der Rücktritt fällt leichter,
wenn kein Nachfolger in Sicht ist.

***

Wenn du kein Geld hast, ist entscheidend,
wieviel du nicht hast.

***

In der Steinzeit gab es keine Autos,
weil Tankstellen fehlten.

***

Lange vor ihren Schulden
erben wir die Gene unserer Eltern.

Am besten lassen sich Dinge verklären,
die man nicht verstanden hat.

***

Frauen werden von Liebe übermannt.

***

Deine Frage bringt mich in Verlogenheit.

***

In der Demokratie
darf man nicht wählerisch sein.

***

Der Vatikan erkennt nur Wunder an,
die vom Wunder der Welt abweichen.

***

Das Leben ist eine Reise
an die Oberfläche der Realität.

***

Wir vertrauen uns,
weil wir es nicht besser wissen.

***

Manche Liebe wird aus Liebe verleugnet.

***

Lebendiges Denken hat Probleme,
geeignete Formen zu finden.

***

Viele Gedanken wurden schon vergessen,
bevor sie überhaupt gedacht waren.

***

Nur Lebende haben ein Problem mit dem Tod.

***

Wenn ich es schon nicht glaube,
will ich es wenigstens auch nicht wissen.

***

Es erleichtert das Sterben,
wenn man sein eigens Leben schon vergessen hat.

***

Wenn man alt ist, lohnt es nicht mehr,
Angst vor der Zukunft zu haben.

***

Manche Dinge im Leben
muss man immer wieder verlernen.

***

Am besten, man lebt nicht bis zum letzten Tag.

***

Jeden Tag versuche ich nicht zu verhindern,
kein anderer zu werden.

***

Schöne Gedanken lasse ich bummeln,
wenn sie mir durch den Kopf gehen.

Ich vorurteile sie zum Tode!

***

Bei klaren Worten ist der Grund erkennbar.

***

Wenn sie nicht Teil einer Ideologie werden,
haben Meinungen ein schnelles Verfallsdatum.

***

Am ehesten stimmen die Menschen zu,
wenn man sie nicht mit Argumenten belästigt.

***

Kluge Sätze enden oft anders als man wollte.

***

Mein Erkennen stoppt;
ich bin schwer verwundert.

***

Aphorismen holen aus der Realität heraus,
was möglich ist.

***

Man sieht es den Sätzen nicht an,
ob sie schon mal verstanden wurden.

***

Reifliche Überlegungen entwachsen
blühender Phantasie.

***

Ein kleiner Geist schützt nicht vor großen Fehlern.

***

Man ist so lange jung, wie man denkt,
es könnte alles besser werden.

***

Welche Religion Gott am besten gefällt,
hängt davon ab, wie sein Tag war.

Gott wurde schon angebetet,
als es ihn noch gar nicht gab.

***

Über uns ruhen bald
Schichten der Erinnerung.

***

Ich weiß, dass es Gott gibt,
aber nicht, ob es ihn nicht gibt.

***

Alle hundert Jahre lebt auf der Erde
eine komplett neue Menschheit.

***

Wir haben keine Wahl
zwischen Wahl und keiner Wahl.

***

Nur wenigen gelingt es,
der eigenen Ruhe zuzuhören.

Gott will in mir in Ruhe gelassen werden.

***

Ideologien bestehen aus Antworten,
zu denen keine Fragen gefunden wurden.

***

Beim Sterben überholt uns die Vergangenheit.

***

Ich bevorzuge regionale Spezialitäten:
Made on Earth.

***

Wenn Fragen verboten sind,
werfen Antworten Fragen auf.

***

Mit einem festen Standpunkt
schaffst du es nie bis zum springenden Punkt.

***

Unausgesprochenes ist oft
ausgesprochen gut.

***

Ich weiche dir nicht aus,
ich gehe nur meiner Wege.

***

Auf Schalke ist einer
der bekanntesten Ballfahrtsorte.

***

Jeder Mensch betreibt
ein kleines Konfusionskraftwerk.

***

Experten wissen meist, was falsch,
aber nicht, was richtig ist.

***

Alles dreht sich um unser Eigentun.

Zahlreich ist weniger als zahllos.

***

Gott ist der einzige Zeuge unserer Zeugung.

***

Die Vergangenheit liegt offen vor uns.

***

Oft sind die unterlegen, die zu lange überlegen.

***

Ich glaube nur an Dinge,
bei denen ich mir nicht sicher bin,
dass es sie auch tatsächlich nicht gibt.

***

Wenn die Frau weint,
hat der Mann etwas falsch gemacht;
wenn sie lacht, auch.

***

Vielleicht irren wir uns,
und es gibt uns gar nicht.

***

Passiert zufällig so vieles zufällig?

***

Wie wir uns die Welt vorstellen,
hängt davon ab, wie sie uns vorkommt.

***

Unsere Götter reden zu wenig miteinander.

***

Bei einer Prüfung muss man
ausgerechnet denen etwas erklären,
die es besser wissen.

***

Ein Augenblick ist
die kürzeste endemische Zeitspanne.

Wenn ich es nicht mehr aushalte,
verziehe ich mich in die Potenzialität.

***

Wenn man sich nicht sicher ist,
sagt man, es sei sicher so.

***

Viele Ziele erkennt man erst,
wenn man sie nicht erreicht hat.

***

Viele gehen zum Arzt, um zu wissen,
was sie alles nicht haben.

***

Unsere augenblickliche Zukunft
dauert nur einen Moment.

***

Es leben zu viele auf einmal.

Nur in allem sind wir eins.

***

Wenn sich unsere Meinungen decken,
bekommt unser Denken Nachwuchs.

***

Wo wir schon waren,
helfen nur noch Schongebiete.

***

Ich weiß nicht, was es nützen soll,
Glück zu haben.

***

Unsere Bestimmung ist nicht Sicherheit,
sondern Erkenntnis.

***

Wenn man sich selbst im Weg steht,
führt kein Weg an einem vorbei.

Meine eigene Zukunft ist nicht eingetreten;
jetzt hänge ich hier in dieser Realität rum.

***

Das eigene Leben versteht man am besten
aus zeitlicher Distanz.

***

Die Chance, dass alles anders geworden wäre,
war unendlich groß.

***

Der Anfang ist wie geschaffen für das Ende.

***

Wir sind nur die Spitze unseres Eisbergs.

***

Die Akzeptanz anderer bleibt aus,
sobald man ihre Akzeptanz hinterfragt.

***

Das meiste geschieht grund-, aber nicht zwecklos.

***

Meister erklären, ohne etwas zu benennen.

***

Manche Reden sind reine Wortklauerei.

***

Alte Gedanken erkennt man
an der Patina auf dem Semikolon.

***

Manchmal fällt mir das Licht in den Rücken.

***

Von Gott zu wissen, heißt, an sich zu glauben.

***

Manchmal kommen wir keineswegs besser voran.

Es ist kein Zufall, dass ausgerechnet wir
unsere Meinung richtig finden.

***

Manche Menschen verdienen es,
festgehalten zu werden.

***

Nackt sehen wir am besten,
was wir an uns haben.

***

Hoffentlich erlebe ich es nicht,
dass du nach mir stirbst.

***

Zur Vernunft kommt man nicht.

***

Was soll ich mit dir anfangen,
was zu Ende bringen?

Was nicht getan wird ist überall dasselbe.

***

Immer ist immer genau hier und jetzt.

***

Zeit hat die Ruhe weg.

***

Am besten, man lebt nicht bis zuletzt.

***

Meine Gedanken denken sich mich aus.

***

Es ist leichter, nichts zu essen, wenn nichts da ist.

***

Einsichten hängen von guten Aussichten ab.

Einige Gedanken, die mir durch den Kopf gingen,
haben beschlossen, zu bleiben.

***

Zum Glück halten wir mehr Unglück aus als Glück.

***

Nachts schaltet Gott
seinen Anbetbeantworter ein.

***

Unsere Antwort auf die Schwerkraft: Weiche Betten.

***

Wer wäre ich nicht, wenn ich nicht ich wäre?

***

Wie sollen wir unser Dasein einordnen?
Die Welt ist doch viel zu groß für Vergleiche!

***

Die nicht gezeugt wurden,
sind wütend und in der Überzahl.

***

Seit mein Denken kaputt ist
trage ich Hypothesen.

***

Nachdenken befällt manchmal
schon kleine Kinder.

***

Ein Urteil muss nicht gerecht sein,
um wirksam zu werden.

***

Die Frauen sind schön zu uns.

***

Wenn alle Gedanken ausgelöscht sind,
erschafft die Welt sich neu.

Kluge Köpfe überlegen überlegen.

***

Darüber muss ich erst nachfühlen.

***

Verstehen heißt weglassen.

***

Das einzig Wirkliche ist das Mögliche.

***

Ich befreie gern Gedanken
aus falschen Zusammenhängen.

***

Es zählt nicht allein, was wir sind,
sondern auch, was wir hätten sein können.

***

Italiener sind anders artig als wir.

***

Allein Gott entscheidet,
in welcher Religion wir an ihn glauben.

***

Beim Sterben bin ich jedes Mal wieder aufgeregt.

***

Denkvermögen bringt wenig Zinsen.

***

Bei Selbstgesprächen ziehe ich meist den Kürzeren.

***

Die Erde beherbergt uns nicht; wir sind hier zuhause.

***

Verliebte bringen sich völlig durcheinander.

Irrtümer verkaufen sich
am besten als tiefe Einsichten.

***

Manche Leute finden wir nur nett,
weil sie uns kennen.

***

Was man nicht will, zeigt nicht unbedingt, was man
will.

***

Das Leben lenkt uns für eine Weile
vom Eigentlichen ab.

***

Über ihre Abtreibung sollte man
mit Embryos nicht diskutieren.

***

Im Moment sterben nur die Guten;
die Hölle wird grundsaniert.

Leben ist ein leicht gestreckter Moment
in einem minimal gekrümmten Nichts
aus hübschen Fraktalen.

***

Beim Warten hilft Beeilung nicht.

***

Wie sich die Vergangenheit weiterentwickeln wird,
bleibt abzuwarten.

***

Leben ist Schicksalhaft.

***

Die größte Vielfalt an Leben im Universum
findet sich in Brasilien.

***

Für die Trauernden ist es
schwerer als für die Toten.

Gott akzeptiert bei Gebeten keine Bitten,
nur Angebote.

***

Was man nicht sagt,
wird mit der Zeit immer besser.

***

Am schönsten ist Liebe,
wenn beide etwas Angst voreinander haben.

***

Streit lässt Argumente schnell hinter sich.

***

Wir kommen nach unseren Eltern.

***

Welchem Irrtum gehören Sie denn an?

***

Um sich unter Kontrolle zu halten,
muss man sich dabei kontrollieren,
wie man sich selbst kontrolliert.

***

Wenn du gewinnen willst, mach dir Freunde;
wenn du siegen willst, Feinde.

***

Gesetze lassen Spielräume, Zufälle nicht.

***

Um mich zu beeindrucken,
darf es nicht erklärbar sein.

***

Die alles besser wissen,
wissen es halt nicht besser.

***

Die Sonne stellt alles in den Schatten,

Tot ist man nur aus Sicht
der momentan Lebenden.

***

In der Tat sind wir am klügsten.

***

Wenn du langsam bist,
geht alles schnell vorbei.

***

Die uns gestohlene Zeit
nutzen andere zum Ausruhen.

***

Wenn dir meine Hilfe nicht reicht,
sei lieber mein Feind.

***

Entsorgte Gedanken
suchen ein neues Zuhause.

Für mich war ich die beste Lösung.

***

Der Mond reicht für alle.

***

Nur wer gezielt vorgeht,
kann die Orientierung verlieren.

***

Im Urlaub will ich mit meiner Frau
nichts zu tun haben.

***

Mit der Zeit bleibt alles gleich.

***

Inzwischen sind wir völlig abhängig
von unserer Unabhängigkeit.

***

Bei verweinten Blicken entstehen
hin und wieder hübsche Regenbögen.

***

Manchmal muss man persönlich werden,
um sachlich zu bleiben.

***

Von mir aus kannst du dich sein lassen,
wer du willst.

***

Glauben kann man, was man will,
verstehen nicht.

***

Nur weil ich es nicht glaube,
muss es noch lange nicht stimmen.

***

Keiner von denen, die ich kenne,
ist überbevölkert.

Im Nachhinein ist wird es egal sein,
wie lange wir gelebt haben.

***

Nicht geschieht ohne das bereits Geschehene.

***

Jeder hat seine eigenen, wundervollen Fehler.

***

Auf der Wiese zieht erst Frieden ein,
wenn aus Löwenzahn Pusteblumen geworden sind.

***

Wer zu viel versteht, wird handlungsunfähig.

***

Für bestimmte Stunden
reichen sechzig Minuten nicht aus.

***

Manches ist erst seit seiner Entdeckung geheim.

***

Die wenigsten können freihändig denken.

***

Für manches, was man geschenkt bekommt,
muss man lange zahlen.

***

Es ist die Gleichgültigkeit, die mich wachhält.

***

Dass es uns gibt, ist eher unwahrscheinlich.

***

Meinungen sollten wegen des vielen Wortmülls
mehrfach verwendet werden.

***

Bei einem bewegten Leben ist besser,
man bewegt sich mit.

***

Ich lasse mir mein Unglück nicht verbieten!

***

Masken verstecken sich meist hinter Gesichtern.

***

Zentrale Aspekte unserer Meinung
lassen sich nur in Extremsituationen erkennen.

***

Nur wenige werden dafür bezahlt,
so zu sein wie sie sind.

***

Wir machen nicht umsonst nichts umsonst.

***

Spontane Fehlentscheidungen
sind langfristig am wirksamsten.

***

Erkennen stellt jede Antwort in Frage.

***

Wohl denen, die ihr Ziel vor dem Ende erreichen.

***

Ich habe gegenüber Gott keine Geheimnisse,
auch er bemüht sich.

***

Viele stellen ihr Lächeln in Rechnung.

***

Meine Frau ist ausgezogen.

***

Die nächste Regierung
will die Steuerrückzahlung besteuern.

***

Erst Unterschiede machen uns vergleichbar.

***

Zu sich selbst findet man nur zurück,
wenn man von sich ausgegangen ist.

***

Wir lieben zugespitzte Verallgemeinerungen.

***

An was von unserer Zukunft
werden wir uns danach erinnern?

***

Viele Kinder sind völlig überfördert.

***

Um zu werden, wer man ist,
wäre die Vergangenheit ein guter Anfang.

***

Es dreht sich alles um sich.

***

Fremdes Schweigen ist schwer zu übersetzen.

***

Routine macht auf Dauer mehr Spaß.

***

Das Ende wird zeigen, wie der Anfang war.

***

Paradigmen werden schnell zu Paradogmen.

***

In Wirklichkeit gibt es keine Wahrheiten,
nur in unserer Realität.

***

Joggen verwandelt Fett in gewonnene Zeit.

***

Kinder werden die Überlebendigen sein.

***

Die besten Schätze findet man da,
wo niemand was verloren hat.

***

Ständig Angst zu haben,
ist auf Dauer anstrengend.

***

Erst seit wir sind, waren wir möglich.

***

Hohe Funktionen setzen oft
niedrige Instinkte voraus.

***

Ich versuche derzeit,
mich an den Gedanken zu gewöhnen,
ich müsse Tod nicht fürchten.

***

Einsam ist man besser allein.

***

Die besten Gedanken ankern im Herzen.

***

Wir lernen lieber aus Erfahrungen,
die andere gemacht haben.

***

Wir wachsen mitten hinein in die Verminderung.

***

Was, wenn sich das Leben als Umweg erweist?

***

Unsere Toten sind uns in uns am nächsten.

***

Mönche sind Gläubige in artgerechter Haltung.

***

Neu auf dem Markt für starke Frauen: Muskelhalter.

***

Ausschlafen hilft mehr als Aussitzen.

***

Hunde riechen in Farbe.

***

Es gibt keine Geheimnisse,
die wir nicht für uns behalten.

Vielleicht sagt sich weniger schwer als Nein.

***

Wenn zwei auf dieselbe Idee kommen,
passen auch noch ein paar mehr drauf.

***

Uns verbinden gemeinsame Unterschiede.

***

Zum Glauben reicht es nicht,
bestenfalls zum Wissen.

***

Man merkt es nicht,
wenn man nichts mehr merkt.

***

Wem gefällt es schon,
wenn an ihm herumgedacht wird!

***

Politiker: Mächtegerne.

***

Wenn wir gemein zueinander sind,
ist das dann Gemeinsamkeit?

***

Das Leben ist eher so eine Idee.

***

Komplexe Erkenntnisse lechzen danach,
falsifiziert zu werden.

***

Das Ende ist der Anfang aus der Sicht davor.

***

Wenn ich von mir ausgehe,
lande ich immer bei dir.

***

Sobald man den Rückzug angetreten hat,
gibt es keinen Weg zurück.

***

Vergiss nicht, meine Unberechenbarkeit
in Rechnung zu stellen.

***

Wenn wir bei Sinnen sind, ahnen wir die Wirklichkeit
in all ihren Möglichkeiten.

***

Dauerredner sind Zungenverbrecher.

***

Es ist schwer, alle Ursachen gleichzeitig zu denken.

***

Manche Fragen setzen Antworten voraus,
die nie erfragt wurden.

***

Unsere Zukunft hat schon lange
vor der Vergangenheit begonnen.

***

Ideologien kann man auswendig lernen,
freies Denken nicht.

***

Wer immer ehrlich ist,
braucht sich seine Meinung nicht zu merken.

***

Das schöne an der Zukunft ist,
dass die Gegenwart Vergangenheit sein wird.

***

Der Rest wird immer größer.

***

Das Einzige, was wir anderen gern geben,
ist die Schuld.

Nichts passiert uns öfter als Neutronen.

***

Gäbe es kein Leben
würde niemand es bemerken.

***

Man sollte nicht alles tun, was erlaubt,
und nicht alles lassen, was verboten ist.

***

Viele Fragen distanzieren von schnellen Antworten.

***

Mehrheiten lähmen die Demokratie.

***

Die Arbeit war nicht umsonst,
denn ich hatte zu tun.

***

Im Gekreuzigten hat Gott sich mit uns gekreuzt.

***

Nur weil wir wissen, dass es uns gibt, sind wir.

***

Langwellige Sender gibt es kaum noch,
langweilige schon.

***

Ich gehe nicht mehr auf Jagd nach Gedanken;
sondern ernte nur noch in meinem Blickfeld.

***

Wir haben schon dadurch eine Meinung,
dass wir meinen, wir hätten keine.

***

Ich suche nach den richtigen Fragen
auf all meine Antworten.

***

Kluge Gedanken ergeben sich rechtzeitig.

***

Demokratie und Gerechtigkeit dienen der Freiheit;
die Freiheit aber dient niemandem.

***

Früher gingen wir nicht shoppen, wir erstanden
etwas.

***

In erster Linie bin ich ein Mensch,
erst in zweiter Hinsicht keine Frau.

***

Gezieltes Denken bildet sich spontan.

***

Jede Korrektur schafft neue Fehler.

***

Nach dem Kampf sind Sieger feindselig.

***

Was Tod bedeutet, hängt vom Leben ab.

***

Mit Hilfe von Wahrheiten missverstehen
wir die Wirklichkeit als Realität.

***

Zeitloses Nichtsein vergeht wie im Flug;
kaum ist man weg, ist man schon wieder da.

***

Viele Möglichkeiten wehren sich dagegen,
Realität werden zu müssen.

***

Wenn es uns nicht schon gäbe,
wären wir unmöglich

***

Führe kein Selbstgespräch mehr ohne Anwalt!

***

Wir wollen es nur deswegen besser wissen,
weil wir es nicht besser wissen.

***

Uns fehlt Zeit, um die zu sein, die wir sind.

***

Aphorismen werden selten zu Ende gedacht.

ZUM AUTOR

Michael Richter, geb. 1952 in Berlin. Schulzeit in Ilfeld. Studium in Berlin, Hannover und Bonn. 1990 Promotion zum Dr. phil. an der Rheinischen Friedrich-Wilhelms-Universität Bonn in den Fächern Osteuropäische Geschichte, Evangelische Theologie und Politikwissenschaft.

Bislang erschienen folgende Aphorismen-Bände:

Wortbruch. Aphorismen, Berlin 1993
Widersprüche. 1000 neue Aphorismen, Halle (Saale) 2006
Wortschatz. Aphorismen Halle (Saale) 2007
Einspruch. Aphorismen aus artgerechtem Denken, Halle (Saale) 2009
Wortburg. Aphorismen, Norderstedt 2016

Webseite des Autors: www.wortburg.de
Twitter: @AAphorismen
E-Mail: wortburg@gmx.de